평범한 우리 어린이들을 다음 세대
위인으로 만들어 줄 교과서 위인 이야기!
효리원의 교과서 위인 이야기는 초등학교
교과 과정에 나오는 국내외 위인들을, 우리나라
최고 아동 문학가 53인이 재미있게 동화로 구성했습니다.
지혜와 용기로 위대한 삶을 산 위인들의 이야기는,
어린이들의 마음속에 '나도 할 수 있다.'는
희망의 씨앗을 심어 줄 것입니다!

삼국 통일을 이루어 낸
신라 장군
김 유 신

김구연 글 / 김태현 그림

 효리원
hyoreewon.com

되고 싶고 닮고 싶은 위인을 마음에 간직하는 것은 어둡고 캄캄한 바닷길을 비추는 등대처럼 환한 길라잡이를 갖는 일입니다. 그래서 부모님과 선생님은 어린이들에게 위인전을 읽히고 싶어합니다. 세상의 등불이 된 위인들의 어린 시절과 성장 과정, 당시의 현실에 맞서 당당하게 이겨 내는 모습, 그리고 꿈을 이루기 위해 노력하는 과정 등을 보고 배워서 훌륭하게 성장하기를 바라는 마음 때문이지요.

오늘날 위인으로 기리는 김유신 장군은, 우리나라가 고구려·백제·신라 3국으로 나뉘어 전쟁을 벌이는 시기에 태어나 태종 무열왕과 함께 삼국 통일을 이루고자 몸과 마음을 바친 분입니다.

김유신 장군에 대해 알기 위해서는 먼저 당시의 삼국과 당나라와의 관계를 파악해야 할 것입니다. 국경이 그려진 한반도 지도를 펼쳐 놓고 이야기하면 한결 정확하고 빠르게 이해할 수 있겠지요.

김유신 장군은 전술이 뛰어났으며, 나라를 지키겠다는 충성심에 불타고 있었습니다. 그는 어떤 상황에서도 최선을 다했습니다. 또한 부하들을 사랑으로 이끌었으며, 공을 세웠다고 우쭐대지도 않았습니다.

그는 망한 나라 금관가야의 후손이라는 불리한 조건을 성실함과 끊임없는 노력으로 극복해 냈습니다. 신라의 왕족이 아니면서도 죽고 나서 '흥무 대왕'이라는 칭호를 받은 것을 보면 충분히 미루어 짐작할 수 있습니다.

어린이와 함께 이 책을 가지고 이야기를 나눌 때, 김유신 장군이 싸움터에서 이룬 공보다는 그가 어떤 정신과 의지를 가지고 삶을 이끌어 갔는지에 더 중점을 두어야 합니다.

자신의 편안함보다는 나라와 백성을 더 소중하게 생각한 김유신 장군의 삶을 통해 우리 어린이들이 나라와 부모를 생각하고 사랑하는 마음을 배우게 된다면 좋겠습니다.

신라 시대 때, 화랑도라는 청소년 수련 단체가 있었습니다.

이들은 이름난 강산을 두루 돌아다니면서 무예를 단련하고 몸과 마음을 닦으며 지혜를 길렀습니다. 임진왜란 때 눈부신 활약을 했던 성웅 이순신과 더불어 우리나라의 명장으로 꼽히는 김유신은 화랑의 대표적인 인물입니다. 그는 굽힐 줄 모르는 의지와 싸움터에서 물러서지 않는 용맹성으로, 삼국 통일의 위업을 이룬 분입니다. 그는 어린 시절부터 세상을 떠날 때까지 오로지 나라를 지키고 발전시키기 위해 몸과 마음을 다 바쳤습니다. 참으로 위대한 일생이었다고 하지 않을 수 없습니다.

여러분도 그와 같이, 어려서부터 아름답고 큰 뜻을 세우기 바랍니다. 뜻을 이루어 내려면 무엇보다도 부지런해야겠지요? 친구도 많이 사귀고요. 나라와 부모님, 그리고 이웃을 위해 사는 것이 곧 자기 자신을 이루는 길이라는 것을 잊지 마세요.

글쓴이 김구연

차 례

별 꿈을 꾸고
낳은 아이

김유신은 만노군(지금의 충청북도 진천) 태수 김서현과 만명
부인의 맏이로 태어났습니다. 아버지는 신라에 항복한 금관
가야의 마지막 임금 구해왕(구형왕이라고도 함) 후손이며, 어
머니는 신라 진흥왕 동생인 숙흘종의 따님으로 왕족이었습
니다.

김서현과 만명 부인은 동시에 특이한 꿈을 꾸었습니다. 김
서현은 하늘에서 화성과 토성 두 별이 자신의 품에 안기는 꿈
을, 만명 부인은 금으로 만든 갑옷을 입은 동자가 구름을 타고

집 안으로 들어오는 꿈을 꾸었습니다.

태몽이었습니다.

그로부터 얼마 지나지 않아 만명 부인이 잉태를 하고, 아이를 낳았습니다. 이 아이가 바로 김유신입니다.

아기 등에는 일곱 개의 별무늬가 새겨져 있었습니다.

"내가 경진(庚辰)일(육십갑자의 열일곱 번째 날)에 좋은 꿈을 꾸어 얻은 아이니까, 경(庚)과 글자가 비슷한 유(庾), 진(辰)과 발음이 가까운 신(信)을 합해서 '유신'이라고 하면 어떻겠소?"

서현 공의 말에 만명 부인이 활짝 웃으며 손뼉을 쳤습니다.

"어머나, 어쩌면 그리 좋은 이름을 지으셨습니까! 일찍이 그와 똑같은 이름을 가진 현자가 계셨으니, 더할 나위가 없습니다."

아끼는 말의
목을 베다

열다섯 살이 된 청년 김유신은 화랑(신라 시대 때, 청소년으로 이루어진 수양 단체)에 들었습니다.

용화 향도(김유신을 따르던 화랑의 무리)들과 함께 숲속에서 시를 짓던 김유신은 우연히 천관 아가씨와 마주쳤습니다. 기생 천관은 얼굴도 아름다웠지만 마음씨도 무척 고왔습니다.

김유신은 틈만 나면 천관을 찾아갔습니다. 언제 어느 때라도 천관은 꽃보다 더 환하게 웃으며 김유신을 반겼습니다.

김유신은 천관을 하루라도 안 보면 몸살이 날 지경이 되었습니다. 책을 펼치면 글자는 간데없고 천관의 얼굴이 당실당실 떠올랐습니다. 김유신은 수련을 하다가도 무시로 천관을 찾아갔습니다.

그러다 보니, 김유신의 말은 해질 무렵이면 으레 천관 아가씨네 술집으로 길을 잡곤 했습니다.

그러던 중에 김유신은 아버지로부터 걱정을 들었습니다.

"너는 이제 철없는 어린아이가 아니야. 신라의 화랑이다. 모쪼록 집에서나 밖에서나 처신을 삼가야 할 것이야."

천관과 만나는 것을 알고 하는 말인 것만 같아 유신의 가슴이 덜컥 내려앉았습니다.

'그래, 나는 화랑이다! 이제 다시 천관을 만나서는 안 돼! 절대로!'

안타깝기 짝이 없었지만 김유신은 이렇게 다짐했습니다.

며칠 후 계림(지금의 경주시 교동)으로 꽃구경을 나섰을 때, 한 향도가 입을 열었습니다.

"백제가 또다시 전쟁을 일으켰다는데, 정말 큰일이야!"

"그래, 우리 신라는 지금 매우 어려운 처지에 놓여 있어. 강성한 백제와 고구려가 끊임없이 우리를 위협하고 있어……."

향도들을 죽 둘러보면서 김유신이 말을 이었습니다.

"우리가 무술을 익히고 심신을 수련하는 것은 나라를 위해 목숨마저도 기꺼이 바치기 위해서라는 것을 잊지 마세!"

향도들은 너나없이 고개를 끄덕였습니다.

무척 고통스러웠지만 김유신은 그동안 가슴속에서 천관을 밀어냈습니다. 나라가 어렵고 위태로운데, 더욱이 화랑으로서 아가씨와 술타령을 하며 지내서는 안 된다는 생각에서였습니다.

'나는 자랑스러운 신라 화랑이다! 나라를 구하고 지키는 일꾼이다!'

김유신은 굳은 마음으로 앞날을 맹세한 뒤, 향도들과 술잔을 나누었습니다. 새롭게 뜻을 세웠다는 안도감에서 마음이 느슨해진 김유신은 자못 거나하게 술이 취했습니다.

"자, 이제 날이 제법 어둑해졌으니 다들 돌아가세!"

김유신은 비틀걸음으로 힘겹게 말에 올라탔습니다.

술에 취해 조는 김유신을 태우고 말은 늘 다니던 길을 따라 뚜벅뚜벅 걸었습니다.

이윽고 말은 천관 아가씨네 집에 이르러 우뚝 걸음을 멈추었습니다. 그러고는 도착을 알리듯 '히히잉~!' 큰 소리로 울었습니다.

귀에 익은 말 울음소리를 듣고, 천관이 달려나왔습니다.

"어머나! 도련님께서 오셨군요!"

김유신은 난데없는 천관의 목소리에 화들짝 놀라 눈을 떴습니다. 순간 김유신은 하늘이 와르르 무너져 내리는 것만 같았습니다.

"네놈이 나의 굳은 결심을 무너뜨리다니!"

불쑥 칼을 뽑아 든 김유신은 주저하지 않고 말의 목을 쳐 버렸습니다.

'아뿔싸! 네 잘못이 아닌데, 애꿎은 널 죽이고 말았구나!'

금세 뉘우쳤지만 돌이킬 수 없는 일이었습니다.

"도련님! 도련님……! 도련님!"

천관이 애타게 불렀지만 김유신은 뒤돌아보지
않고 발길을 돌렸습니다.

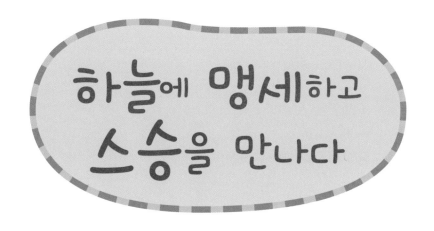

하늘에 맹세하고
스승을 만나다

'걸핏하면 쳐들어오는 적들과 맞서려면 더 높은 경지에 이르러야 해. 산속으로 가서 학문과 무술을 닦아야겠다.'

이렇게 결심한 김유신은 중악 깊숙이 들어가 간절하게 기도했습니다.

"장차 나라를 위해 목숨을 바칠 작정이오니, 하늘이시여 굽어살피소서! 저에게 용기와 지혜를 베풀어 주소서."

꼼짝 않고 기도한 지 나흘째 되는 날이었습니다. 거친 베옷에 흰 수염 무성한 노인이 홀연히 나타나 김유신에게 물었습니다.

"어린 사람이 어찌하여 밤이나 낮이나 독벌레와 사나운 짐승들이 우글거리는 곳에 혼자 와 있는고?"

김유신이 허리를 굽혀 절하며 대답했습니다.

"예, 저는 신라 화랑 김유신입니다. 학문과 무술을 닦고자 여기 와 있습니다만, 어르신께서는 누구신지요?"

"나는 난승이라고 하는데, 그저 인연 닿는 대로 떠도는 늙은이라오."

말은 그랬지만, 신선처럼 여겨지는 어른이었습니다.

"저의 뜻을 가엾게 여기시어 가르침을 주시면 감사히 따르겠습니다."

김유신이 간곡한 마음으로 말했습니다.

"그래서 무얼 하시려고?"

"장차 나라를 지키고 삼국 통일을 이루어 평화로운 세상을 만드는 데 몸과 마음을 다 바치고자 합니다."

"아직 어린데 그와 같은 뜻을 품다니, 여간 장한 일이 아니

구려! 간절히 원하던 이를 오늘 비로소 만나니 반갑기 한이 없
소."

그로부터 난승 노인은 아침이면 홀연히 나타나, 김유신에게
병법(군사를 지휘하여 전쟁하는 방법)과 무술, 그리고 마음 다스
리는 법 등을 깨우쳐 주었습니다.

"오직 수련에만 매달려서는 깊이 이룰 수 없다. 몸이 익힌
것을 마음에 다져 주고, 마음이 익힌 것을 몸에 다져 줘야 한
다. 그래야만 비로소 몸과 마음이 함께 높은 경지에 다다를 수
있다."

"한마디로 몸과 마음이 하나로 통일되어야 한다는 말씀이
시군요."

"으하하, 너는 자나깨나 통일 생각뿐이구나!"

김유신의 무술 실력은 하루가 다르게 발전을 거듭했습니다.
오래지 않아, 칼자루를 쥐면 칼날이 스스로 움직이는 것처럼
보였습니다.

그러던 어느 날이었습니다.

"이제 더 이상 가르쳐 줄 게 없구나. 내게서 익힌 것을 의롭게 쓰지 않을 경우 재앙을 피할 수 없다는 것을 늘 명심하여라."

"알아 모시겠습니다."

김유신이 이렇게 대답하며 절한 다음 고개를 들자, 난승의 모습이 보이지 않았습니다. 사방으로 뛰어다니며 찾았지만

스승은 온데간데없고, 산 정상에
오색 찬란한 빛만 서려 있을 뿐이
었습니다.

오줌 꿈을 팔고 사다

"참, 별난 꿈도 다 있네!"

잠에서 깨어난 보희가 혼잣말처럼 중얼거렸습니다.

"무슨 꿈을 꾸었길래? 시집가는 꿈?"

문희가 호기심 가득한 눈으로 물었습니다.

"꿈에 남산에 올라가 오줌을 누었는데, 졸졸졸 흘러내리더니 글쎄, 순식간에 서라벌을 온통 오줌 바다로 만들어 버리지 않겠니!"

"언니, 그 꿈 나한테 팔아."

문희는 냉큼 일어나 제 옷장에서 비단 치마를 꺼내 주었습니다.

며칠 뒤, 오빠 김유신의 친구인 신라 왕족 김춘추가 놀러 왔습니다. 앞마당에서 공을 차고 놀던 김유신은 일부러 김춘추의 저고리 고름을 밟아 뜯어지게 했습니다.

"이걸 어째? 아무래도 꿰매야겠네. 벗어서 주게나."

쭈뼛거리던 김춘추가 저고리를 벗어 김유신에게 건넸습니다. 김유신은 누이동생들 방 앞에서 보희를 불렀습니다.

"김춘추 어르신 옷인데, 고름이 뜯어져 버렸구나. 잘 꿰매어라."

얼굴이 새빨개진 보희는 머리를 가로저었습니다.

"이리 주세요. 제가 손봐 드릴게요."

생글거리며 받아 든 문희는 이내 고름을 달아 왔습니다.

"괜한 일로 수고를 끼치게 되어 미안스럽소."

김춘추가 앞으로 나서면서 쑥스럽게 웃었습니다.

'오, 참으로 귀엽고 아리따운 아가씨로구나!'

김유신 장군 옛집 터 | 김유신 장군의 옛집에 있던 우물인 재매정을 중심으로 발굴한 옛집 터입니다.

　문희를 보고 첫눈에 반한 김춘추는 그 후 김유신의 집을 무시로 드나들었습니다.

　매번 이런저런 일을 구실로 삼았지만, 사실은 문희가 보고 싶어서였습니다.

　얼마 후 문희가 김춘추의 아기를 가졌습니다. 은근히 바라던 일이었으나, 막상 그렇게 되고 보니 김유신의 걱정은 이만저만이 아니었습니다. 하루빨리 김춘추가 문희를 아내로

데려가야 할 터인데, 자꾸만 시간을 흘려보내고 있기 때문이었습니다. 그도 그럴 수밖에 없는 것이, 당시 신라에서는 왕족끼리만 혼인할 수 있었는데 문희는 왕족이 아니었던 것입니다.

그러던 어느 날, 덕만 공주(뒷날의 선덕 여왕)가 남산에 오른다는 소식이 들렸습니다. 자리에서 벌떡 일어난 김유신은 하인을 불렀습니다.

"모두 나서서 앞마당에 장작더미를 높이 쌓아 올리도록 하라. 어서, 서둘러라!"

앞마당에 금세 높다란 장작더미 탑이 우뚝 솟았습니다.

"문희 어디 있느냐? 속히 마당으로 나오너라!"

호령을 듣고 달려나온 문희가 오빠 앞에 섰습니다.

"저 장작더미 위로 올라가거라! 어찌 혼인도 하지 않은 여자가 아기를 가질 수 있단 말이냐? 너는 우리 가문의 수치다!"

김유신의 눈에서 노여움이 부글거렸습니다.

파랗게 질린 문희는 풀썩 주저앉으며 울음을 터뜨렸습니다.

"오라버니! 흑흑."

"뭐 하는 게냐? 냉큼 오르거라!"

문희가 바들바들 떨며 장작더미 위에 오르자마자 김유신이 소리쳤습니다.

"불을 지펴라!"

장작더미에서 불꽃이 일렁이며 검은 연기가 하늘로 솟아올랐습니다.

남산에 올라 서라벌을 둘러보던 덕만 공주가 물었습니다.

"저기, 저기가 어디요? 난데없이 검은 연기가 피어오르는데?"

"서현 장군 댁 같사온데, 혹시 불이 난 게 아닐는지요?"

"속히 알아보도록 하시오!"

말을 달려 산길을 내려갔던 신하가 잠시 후에 돌아와 덕만 공주 앞에 허리를 굽혔습니다.

"김유신이 누이를 불에 태워 죽이려 한다 하옵니다."

"제 피붙이를 불에 태워 죽이려 한단 말이오?"

"혼인도 하지 않은 둘째 누이가 아기를 가졌다 하옵니다."

"으음……."

덕만 공주의 눈길이 자신에게로 와 멎자, 김춘추는 그만 천적에게 붙잡힌 자라처럼 목을 잔뜩 움츠렸습니다.

덕만 공주는 이미 김춘추와 문희에 대한 소문을 들어 얼마만큼은 알고 있었습니다.

"춘추 공은 속히 달려가지 않고 무얼 하고 있소!"

"아, 예. 그럼……."

김춘추는 기다리고 있었다는 듯이 말에 뛰어올랐습니다.

잠시 후 가쁜 숨을 몰아쉬며 마당으로 들이닥친 김춘추가 외쳤습니다.

"멈추시오! 덕만 공주님의 명이시오. 냉큼 멈추시오!"

그로부터 얼마 후 김춘추와 문희는 혼례식을 올렸습니다.

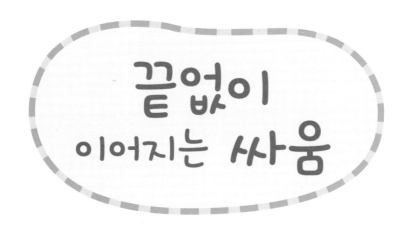

끝없이 이어지는 싸움

잠잠하다 싶으면 다시금 전쟁이 벌어지곤 했습니다.

쉬지 않고 들려오는 백제군의 침략 소식에 선덕 여왕은 발을 굴렀습니다.

"너무 상심 마소서. 소신이 나가 적을 무찌르겠나이다."

644년 9월, 김유신은 백제에 빼앗긴 요충지들을 공략해 나갔습니다. 치열한 공방전 끝에 신라군은 마침내 가혜성·성열성·동화성 등 일곱 개의 성을 되찾았습니다.

승리의 기쁨을 안고 귀환하는 길에 김유신은 급보(서둘러 알

김유신 장군 동상 | 삼국 통일을 이루어 낸 김유신 장군 동상입니다.

리는 급한 소식)를 받았습니다.

"지금 매리포성으로 백제 군사가 몰려오고 있다 합니다."

김유신은 그 자리에서 곧바로 군사를 돌렸습니다.

매리포성을 공격하던 백제 군사들은, 앞선 전투에서의 승리로 하늘을 찌를 듯 높아진 신라군의 사기를 당해 내지 못했습니다.

두 차례의 싸움에서 크게 승리를 거둔 김유신은 645년 3월, 무려 8개월 만에야 서라벌로 돌아왔습니다.

그러나 김유신과 군사들이 군장(군인의 복장과 장비)을 풀기도 전에, 백제군이 또다시 국경 부근에 진을 치려 한다는 소식이 날아들었습니다.

"병사들이여, 이제 막 전장에서 돌아왔지만, 지금 싸움이 너무 급하니 어서 출전 준비를 하라! 단숨에 무찌르고 돌아와 편히 쉬도록 하자!"

김유신은 즉시 전열을 정비하여 싸움터로 향했습니다. 대열이 김유신의 집 앞을 지나는데, 가족들이 나와 있었습니다. 하지만 김유신은 가족들에게 눈길 한번 주지 않았습니다.

"장군님, 잠시 들렀다 가시지요. 가족들이 나와 있습니다."

부관이 다가와서 말했습니다.

"모두가 똑같은 마음일 텐데, 어찌 나 혼자만 가족을 만나겠는가!"

"기왕에 지나치는 길이지 않사옵니까?"

아무런 대꾸도 하지 않고 행군하던 김유신은 50걸음쯤 가서 말을 멈춘 뒤, 이렇게 일렀습니다.

"가서 우리 집 우물물을 한 사발만 떠 오도록 하게."

우물에서 떠 온 냉수 한 사발을 마시고 난 김유신은,

"그동안에도 우리 집 물맛은 변함이 없구나!"

단 한마디만 하고서 행군을 계속했습니다.

"장군님께서 저러하신데 우리들이 어찌 딴마음을 품겠는 가!"

"그래, 어서 승리하고 돌아와 가족들을 만나세. 오랜만에 보면 더더욱 반가울 것 아닌가!"

한 식경도 쉬지 못하고 또 싸움터로 내몰린다는 생각에 서운한 마음을 가졌던 군사들이 서로를 격려했습니다.

"군악을 울려라!"

김유신의 호령에 둥둥 둥두둥! 북소리와 함께 간드러진 태평소 소리가 울려 퍼졌습니다. 행군하는 병사들의 얼굴에 웃음꽃이 피면서 발걸음이 한결 가벼워지고 있었습니다.

병사들을 아끼고 사랑하며 함께하는 장군의 모습에 깊이 감동한 신라군의 사기는 그 어느 때보다도 높았습니다. 그 기세

에 눌린 백제군은 공격 한번 못해 보고 돌아섰습니다.

647년 정월, 상대등 비담이 반란을 일으켰습니다. 제 욕심은 뒤에 숨기고, 여자가 임금 노릇을 하고 있어 이웃 나라에서 얕보고 자꾸만 쳐들어온다는 것을 구실로 내세웠습니다.

비담은 명활성에, 김유신은 월성에 진을 쳤습니다. 열흘이 넘도록 싸움이 계속되었지만 어느 편도 승리를 장담할 수 없었습니다. 반란군의 힘은 생각보다 막강했습니다.

그러던 어느 날 밤, 커다란 별 하나가 월성 쪽으로 떨어졌습니다.

"별이 떨어진 곳에 진을 친 군대가 이번 싸움에서 질 거라는군."

소문은 한나절도 되기 전에 서라벌을 가득 채웠습니다. 그렇지 않아도 병이 도져 누워 있던 선덕 여왕은 바람맞은 사시나무처럼 떨었습니다. 월성 쪽 군사들 또한 심한 공포를 느끼고 있었습니다.

김유신은 은밀하게, 재주 있는 병사를 한 명 불렀습니다.

"오늘 저녁까지 커다란 연과 허수아비를 하나씩 만들게."

그날, 칠흑 같은 서라벌 밤하늘에 별 하나가 떠올랐습니다.

"저기, 저기 좀 봐! 별이 떠오르고 있어!"

월성에 내렸던 별이 다시 하늘로 올라붙었다는 소문이 짜르르 퍼졌습니다. 이번에는 반란군들이 겁을 집어먹었습니다.

김유신은 하늘에 제사를 지낸 다음 총공격 명령을 내렸습니다.

"월성에 내렸던 별이 다시 하늘로 올라가는 것을 모두 다 보았을 것이다. 이는 하늘이 우리와 함께한다는 증거다. 자, 역적 비담을 무찔러 없애자!"

싸움을 시작한 지 얼마 되지 않아, 반란군은 무기를 버리고 손을 들었습니다.

김유신은 비담을 사로잡아 단칼에 목을 베었습니다.

난리를 겪는 동안 선덕 여왕이 승하(임금이나 존귀한 사람이 세상을 떠남을 높여 이르던 말)하고, 그 뒤를 이어 진덕 여왕이 임금 자리에 올랐습니다.

어수선한 틈을 타 백제가 또다시 무산·동잠성 등지로 공격해 왔습니다.

이번에도 김유신은 보병과 기마병 1만 명을 이끌고 나섰습니다. 그러나 연이은 싸움에 지친 신라 군사들은 고전을 면치 못했습니다.

백제군과 맞붙은 군사들이 여기저기서 비명을 지르며 쓰러졌습니다.

기세가 오른 백제 군사들은 도무지 두려움을 몰랐습니다.

시간이 갈수록 신라군의 피해는 눈덩이처럼 불어났습니다.

그러자 비령자 부장이 나섰습니다.

"죽을 각오로 나아가, 기필코 장군님께서 베풀어 주신 은혜에 보답하도록 하겠습니다!"

"그대의 장한 기상이 우리 신라를 우뚝 세울 것이오."

김유신은 승리를 기원하는 술을 한 잔 따라 주었습니다.

"어린 나이에 아비를 따라 출전한 거진이 마음에 걸린다. 내가 전사하면 자네가 잘 달래고 보살펴 주기 바란다."

부관 합절에게 이처럼 당부하고 말에 오른 비령자는 창을 곧추든 채 적진으로 달려갔습니다.

이를 조용히 지켜보던 거진이 갑자기 말 위로 뛰어올랐습니다. 합절이 얼른 말고삐를 움켜잡았습니다.

"안 됩니다. 아버님의 명입니다!"

"비키시오. 아버님과 함께 신라를 지키기 위해 싸우겠소!"

거진은 합절을 뿌리치고 적진을 향해 달렸습니다. 합절도 서둘러 그 뒤를 따랐습니다. 신라 군사들이 벌 떼처럼 일어선 것은 바로 그 순간이었습니다.

연이은 승리에 마음을 놓고 있던 백제군은 갑작스러운 사태에 놀라 허둥거렸습니다.

마침내 신라군은 백제 군사 3천여 명의 머리를 베는 큰 승리를 거두었습니다.

비령자, 거진, 합절의 주검 위에 자신의 갑옷을 덮어 주는 김유신의 눈시울에 뜨거운 눈물이 맺혀 있었습니다.

황산벌 싸움

당나라 원정군을 가득 실은 배들이 금강으로 들어섰습니다. 거기 맞추어, 김유신이 이끄는 신라군도 백제 땅으로 나아갔습니다.

황산벌에서 마주친 백제의 계백 장군과 5천 결사대는 만만한 상대가 아니었습니다.

신라군은, 죽음을 두려워하지 않고 달려드는 백제군과 네 번 싸워 네 번 모두 패하고 말았습니다.

사비성 점령을 어렵지 않게 생각했던 김유신은 눈앞이 캄캄

했습니다.

바로 그때, 흠춘 장군의 아들인 반굴 화랑이 나섰습니다.

"제가 앞장서겠습니다!"

"너는 아직 어리다."

김유신이 고개를 가로저었습니다.

"허락해 주십시오. 아직 어리지만 저는 씩씩한 신라의 화랑입니다!"

"자신이 있느냐?"

"부끄럽게 죽지는 않겠습니다!"

"그럼, 나서거라."

김유신의 허락이 떨어지자마자 반굴은 칼을 휘두르며 말을 몰아 적진을 향해 달렸습니다. 어린 반굴이 용감하게 싸우다가 말에서 떨어지는 모습을 지켜본 신라 군사들은 저마다 이를 갈았습니다.

열여섯 살 화랑 관창이 아버지 품일 장군 앞으로 나섰습니다.

"친구 반굴이 죽었습니다. 이번엔 제가 가겠습니다!"

"각오가 되어 있느냐?"

"네, 저는 신라의 화랑입니다!"

"좋다. 신라 군사들의 모범이 되어야 한다. 가거라!"

품일 장군이 고개를 끄덕이자 창을 비껴든 채 적진으로 나

아간 관창은 몇 차례 접전 끝에 사로잡히고
말았습니다.

"너는 어린아이가 아니냐!"

관창을 본 백제의 계백은 소스라치게
놀랐습니다.

"나는 신라의 화랑 관창이다.
사로잡힌 몸이니 어서 죽여라!"

계백은 머리를 가로저었습니다. 그러면서 신라의 화랑도 정신에 큰 충격과 두려움을 느끼지 않을 수 없었습니다.

계백 장군의 눈시울이 가늘게 떨렸습니다. 관창의 모습에서, 출전하기 전에 자신의 손으로 죽이고 나온 자식들의 얼굴이 얼비쳤기 때문이었습니다.

계백 장군은 나이 어린 관창을 차마 죽이지 못하고 돌려보내며, 길게 탄식했습니다.

"이토록 어린 소년까지 용감하게 싸움터에 나선 걸 보니, 아무래도 신라군을 당하기는 어렵겠구나!"

뜻밖에 관창이 살아 돌아오자 신라 병사들은 모두 일어나서 만세를 불렀습니다.

그러나 잠시 후, 말 잔등에 단단히 묶여 있는 관창을 발견하고는 하나같이 입을 굳게 다물었습니다.

"화랑은 모름지기 나라를 위해 목숨을 바치는 것이 가장 큰 영광이거늘, 어찌 살아서 왔느냐. 너는 반굴을 보지 못하였느냐!"

품일 장군은 잔뜩 노한 얼굴로 아들 관창을 꾸짖었습니다.

"죽음이 두려워 돌아온 것이 아닙니다. 다시 가겠습니다!"

관창은 뒤도 돌아보지 않고 다시 적진으로 내달렸습니다.

얼마 후, 잘린 관창의 머리가 안장에 얹혀 돌아오자 신라 병사들의 가슴에서 노여움의 불길이 활화산처럼 폭발했습니다.

"나가자! 반굴과 관창의 죽음을 헛되이 할 수 없다!"

신라 군사들은 우레와 같은 함성을 올리며 백제군을 향해 달려나갔습니다.

계백 장군의 5천 결사대는, 해일처럼 밀려오는 신라 군사들과 맞서 힘껏 싸웠지만 차츰 밀리기 시작했습니다. 좌평 충상과 달솔 상영 등 30여 명의 장수들이 사로잡히자 백제군은 이내 무너져 버렸습니다.

"아, 하늘이 우리 백제를 버리는구나. 나, 여기서 한 줌 흙으로 돌아가 백제의 부흥을 바라겠노라."

끝까지 싸우던 계백 장군은 하늘을 우러러 큰 소리로 외치고는 숨을 거두었습니다. 참으로 장렬한 전사였습니다.

"아까운 장수로다. 적은 군사로 싸움터에 나온 그 용기와 충성심을 본받아야 한다. 듣기로 가족의 목까지 베고 싸움터에 나왔다는데, 우리 신라에는 그런 장수가 없다. 참으로 부끄럽고 부러운 일이다. 양지바른 땅에 고이 묻고 제사를 지내 드리도록 하라."

김유신은 계백 장군을 칭송하고 장군의 예로써 대우하였습니다.

계백 장군의 소식을 들은 의자왕은 비통한 눈물을 흘리면서 태자 륭과 몇몇 대신들을 데리고 웅진성으로 달아났습니다.

나·당 연합군이 들이닥치자 사비성 주변은 금세 아우성 소리와 불바다로 뒤덮였습니다. 견디다 못한 백제 군사들은 창과 칼을 버리고 두 손을 머리에 얹었습니다.

삼국 통일,
신라의 큰 별이 지다

666년 5월, 고구려의 막리지 연개소문이 죽고 아들들이 권력 다툼을 시작했습니다.

기회를 놓치지 않고, 27만 신라군과 50만 당나라군이 고구려의 평양성을 에워쌌습니다.

대군의 협공에 질린 보장왕과 남산은 성문을 열고 나와 항복했지만, 남건은 끝까지 나·당 연합군과 맞섰습니다. 그러나 몇 차례의 전투에서 패하자 장군 신성이 몰래 성문을 열어 줌으로써 평양성은 이내 함락되었습니다.

김유신 장군 묘 | 경주시 충효동 송화산 자락에 있습니다. 신라 왕릉에 준하는 양식으로 조성되어 크고 아름답습니다.

고구려를 무너뜨렸다는 소식을 들은 김유신은 병석에 누워 있던 몸을 일으켜 세웠습니다.

"감사드리나이다, 하늘이시여! 드디어 우리 신라의 오랜 소망이었던 삼국 통일이 이루어졌나이다!"

김유신의 눈에서 뜨거운 눈물이 하염없이 흘러내렸습니다.

673년 칠월 초하룻날이 저물 무렵, 병세가 갑자기 더 나빠졌다는 기별을 받은 문무왕이 김유신 장군의 집으로 달려왔습니다.

"선왕과 더불어 그토록 원하시던 삼국 통일을 이루셨는데, 어서 자리를 털고 일어나셔야지요."

문무왕이 못내 울음을 머금은 소리로 말했습니다.

"신이 끝까지 힘을 다하여 모시려 하였으나, 하늘의 명을 어찌 거역하겠나이까. 이젠 용안을 뵙기 어려울 것 같나이다."

"경이 늘 곁에 있어서 든든했는데, 이를 어쩐단 말이오!"

"이제 오직 나라를 다스리는 이들이 위아래로 화목하고 백성들이 편안하여 나라의 기틀이 무궁하게 된다면 신은 죽어도 남는 한이 없겠나이다. 항상 당나라에 대한 경계를 늦추지 않도록 하옵소서."

문무왕은 식어 가는 김유신의 손을 잡고 한없이 눈물을 흘렸습니다.

김유신 장군이 죽었다는 소식을 들은 백성들은 고샅(시골 마을의 좁은 골목길)으로 뛰쳐나와 통곡했습니다. 삼국 통일을 이루어 낸 신라의 큰 별이 지자 산천초목도 조용히 흐느끼는 듯했습니다. ❀

연 대	발 자 취
595년(1세)	신라의 만노군(지금의 충청북도 진천군 진천읍 상계리)에서 금관가야 왕족의 후손인 아버지 김서현과 신라 왕족인 어머니 만명 사이에서 맏이로 태어나다.
609년(15세)	화랑도에 들어가 이름난 산과 강을 찾아다니며 몸과 마음을 단련하는 수련 생활을 시작하다.
611년(17세)	중악 석굴에 들어가 수양하던 중 난승 스승을 만나 무술과 병법 등을 익히다.
612년(18세)	화랑의 우두머리인 국선이 되어 용화 향도라는 낭도들을 이끌다. 하종공의 딸 영모를 아내로 맞이하다.
629년(35세)	고구려의 낭비성을 공격하여 큰 공을 세우다.
642년(48세)	압량주의 군주가 되다.
644년(50세)	소판 벼슬에 오르다. 9월, 상장군에 임명되어 백제의 가혜성 등 7개 성을 정복하다.
645년(51세)	매리포성에서 백제군을 물리치다.
647년(53세)	상대등 비담이 일으킨 내란을 진압하다.
660년(66세)	황산벌 싸움에서 계백 장군의 5천 결사대를 물리치고 사비성을 공격해 백제를 정복하다. 대각간에 오르다.
661년(67세)	고구려 원정에 나섰으나 실패하다.
668년(74세)	태대각간에 오르다. 나·당 연합군 대총관으로 전투를 지휘하여 고구려를 멸망시키다.
673년(79세)	병으로 세상을 떠나다. 흥덕왕 10년, 흥무 대왕으로 추봉(죽은 뒤에 벼슬자리를 내림)되다(『삼국유사』에는 경명왕 때라고 씌어 있음).

읽으며 생각하며!

1. 사군이충 · 사친이효 · 교우이신 · 임전무퇴 · 살생유택 등 다섯 가지 계율을 지키며 수련 생활을 하던 신라 시대 청소년들의 단체는 무엇인가요?

2. 김유신이 보기 글과 같은 일을 꾸민 것은 누이동생 문희를 누구와 혼인시키기 위해서였나요?

　　남산에 올라 서라벌을 둘러보던 덕만 공주가 물었습니다.
　　"저기, 저기가 어디요? 난데없이 검은 연기가 피어오르는데?"
　　"서현 장군 댁 같사온데, 혹시 불이 난 게 아닐는지요?"
　　"속히 알아보도록 하시오!"
　　말을 달려 산길을 내려갔던 신하가 잠시 후에 돌아와 덕만 공주 앞에 허리를 굽혔습니다.
　　"김유신이 누이를 불에 태워 죽이려 한다 하옵니다."

3. 김유신의 어머니가 꾼 태몽은 무엇이었나요?

4. 다음 보기 글과 같이 언니에게 꿈을 산 문희는 나중에 무엇이 되었나요? 또한 김유신은 어떤 역할을 했나요?

"참, 별난 꿈도 다 있네!"
잠에서 깨어난 보희가 혼잣말처럼 중얼거렸습니다.
"무슨 꿈을 꾸었길래? 시집가는 꿈?"
문희가 호기심 가득한 눈으로 물었습니다.
"꿈에 남산에 올라가 오줌을 누었는데, 졸졸졸 흘러내리더니 글쎄, 순식간에 서라벌을 온통 오줌 바다로 만들어 버리지 않겠니!"
"언니, 그 꿈 나한테 팔아."
문희는 냉큼 일어나 제 옷장에서 비단 치마를 꺼내 주었습니다.

5. 황산벌 싸움에서, 신라가 백제의 계백 장군이 이끄는 5천 결사대를 무찌르고 승리할 수 있었던 까닭은 무엇인가요?

6. 다음 보기 글에 나타난 김유신의 행동에 대한 자신의 생각을 말해 보세요.

> 말은 천관 아가씨네 집에 이르러 우뚝 걸음을 멈추었습니다.
> 그러고는 도착을 알리듯 '히히잉~!' 큰 소리로 울었습니다.
> 귀에 익은 말 울음소리를 듣고, 천관이 달려나왔습니다.
> "어머나! 도련님께서 오셨군요!"
> 김유신은 난데없는 천관의 목소리에 화들짝 놀라 눈을 떴습니다.
> 순간 김유신은 하늘이 와르르 무너져 내리는 것만 같았습니다.
> "네놈이 나의 굳은 결심을 무너뜨리다니!"
> 불쑥 칼을 뽑아 든 김유신은 주저하지 않고 말의 목을 쳐 버렸습니다.

- 찬성 :

- 반대 :

1. 화랑

2. 김춘추

3. 금으로 만든 갑옷 입은 동자가 구름을 타고 집 안으로 들어오는 꿈.

4. 예시 : 언니에게 꿈을 산 문희는 김춘추와 혼인을 하고, 훗날 왕비가 된다. 김춘추가 신라의 임금이 되리라고 짐작한 김유신은 일부러 그의 저고리 고름을 밟아 뜯어지게 한다. 그러고는 누이동생으로 하여금 저고리 고름을 꿰매게 하여 김춘추와 인연을 맺게 만든다. 얼마 후 문희가 임신을 하자 김유신은 꾀를 내어 덕만 공주에게 이 사실이 알려지게 한다. 이로써 공주의 허락을 받아, 왕족이 아닌 문희가 김춘추와 혼인을 할 수 있도록 했다.

5. 예시 : 네 차례의 싸움에서 네 차례 모두 패배한 신라군의 사기는 땅에 떨어져 있었다. 이때 화랑 정신을 드높이고 전사한 반굴과 관창의 용감한 죽음은 신라 군사들의 마음에 복수의 불을 지폈다. 그로 인해 전의를 다시 불태운 신라군은 전열을 가다듬고 나아가 마침내 황산벌 싸움에서 승리할 수 있었다.

6. 예시 : •찬성 - 큰 뜻을 이루기 위해서라면 작은 희생은 감수해야 한다고 생각한다. 평소 아끼던 자신의 말을 자기 손으로 죽이고도 마음이 아프지 않을 사람이 세상에 어디 있겠는가? 나라에 충성하겠다는 결심에 방해가 되는 것들을 과감하게 물리친 덕분에 김유신은 삼국 통일이라는 큰 업적을 이룰 수 있었다고 생각한다.

   •반대 - 주인이 늘 가던 곳이었기 때문에 익숙하게 찾아갔을 뿐인데, 죽임을 당한 말이 불쌍하다. 순간의 즐거움에 기댔던 지난날을 뉘우치고 나라만 생각하겠다는 결심은 훌륭하지만, 아무런 잘못도 없는 말을 죽인 것은 정말 잘못된 행동이다. 불쑥 잘못을 저지르고 나서 후회할 것이 아니라, 행동을 하기 전에 깊이 생각해 보았더라면 좋았을 것이다.

위인 (인물)

- 광개토 태왕 (374~412)
- 연개소문 (?~666)
- 을지문덕 (?~?)
- 김유신 (595~673)
- 대조영 (?~719)
- 장보고 (?~846)
- 왕건 (877~943)
- 강감찬 (948~1031)
- 최무선 (1328~1395)
- 황희 (1363~1452)
- 세종 대왕 (1397~1450)
- 장영실 (?~?)
- 신사임당 (1504~1551)
- 이이 (1536~1584)
- 허준 (1539~1615)
- 유성룡 (1542~1607)
- 한석봉 (1543~160)
- 이순신 (1545~15)
- 오성과 한음 (오성 1556~1618 / 한음 1561~1613)

사건

- 고조선 건국 (B.C. 2333)
- 철기 문화 보급 (B.C. 300년경)
- 고조선 멸망 (B.C. 108)
- 고구려 불교 전래 (372)
- 고구려 살수 대첩 (612)
- 신라 불교 공인 (527)
- 신라 삼국 통일 (676)
- 대조영 발해 건국 (698)
- 장보고 청해진 설치 (828)
- 견훤 후백제 건국 (900)
- 궁예 후고구려 건국 (901)
- 왕건 고려 건국 (918)
- 귀주 대첩 (1019)
- 윤관 여진 정벌 (1107)
- 고려 강화로 도읍 옮김 (1232)
- 개경 환도, 삼별초 대몽 항쟁 (1270)
- 문익점 원에서 목화씨 가져옴 (1363)
- 최무선 화약 만듦 (1377)
- 조선 건국 (1392)
- 훈민정음 창제 (1443)
- 임진왜란 (1592~1598)
- 한산도 대첩 (1592)
- 허준 동의보감 완성 (1610)
- 병자호란 (1636)
- 상평통보 전국 유통 (1678)

B.C. | 선사 시대 및 연맹 왕국 시대 | A.D. 삼국 시대 | 698 남북국 시대 | 918 고려 시대 | 1392

2000 500 400 300 100 0 300 500 600 800 900 1000 1100 1200 1300 1400 1500 1600

B.C. | 고대 사회 | A.D. 375 중세 사회 | 1400

세계사

- 중국 황하 문명 시작 (B.C. 2500년경)
- 인도 석가모니 탄생 (B.C. 563년경)
- 알렉산더 대왕 동방 원정 (B.C. 334)
- 크리스트교 공인 (313)
- 게르만 민족 대이동 시작 (375)
- 로마 제국 동서로 분열 (395)
- 수나라 중국 통일 (589)
- 이슬람교 창시 (610)
- 수 멸망 당나라 건국 (618)
- 러시아 건국 (862)
- 거란 건국 (918)
- 송 태종 중국 통일 (979)
- 제1차 십자군 원정 (1096)
- 테무친 몽골 통일 칭기즈 칸이 됨 (1206)
- 원 제국 성립 (1271)
- 원 멸망 명 건국 (1368)
- 잔 다르크 영국군 격파 (1429)
- 구텐베르크 금속 활자 발명 (1450)
- 코페르니쿠스 지동설 주장 (1543)
- 도요토미 히데요시 일본 통일 (1590)
- 독일 30년 전쟁 (1618)
- 영국 청교도 혁명 (1642~)
- 뉴턴 만유인력의 법칙 발견 (1665)

- 석가모니 (B.C. 563?~B.C. 483?)
- 예수 (B.C. 4?~A.D. 30)
- 칭기즈 칸 (1162~1227)

정약용
(1762~1836)

김정호
(?~?)

주시경
(1876~1914)

김구
(1876~1949)

안창호
(1878~1938)

안중근
(1879~1910)

우장춘
(1898~1959)

유관순
(1902~1920)

방정환
(1899~1931)

윤봉길
(1908~1932)

이중섭
(1916~1956)

백남준
(1932~2006)

이태석
(1962~2010)

이승훈
천주교
전도
(1784)

최제우
동학
창시
(1860)

김정호
대동여
지도
제작
(1861)

강화도
조약
체결
(1876)

지석영
종두법
전래
(1879)

갑신
정변
(1884)

동학
농민
운동,
갑오
개혁
(1894)

대한
제국
성립
(1897)

을사
조약
(1905)

헤이그
특사
파견,
고종
퇴위
(1907)

한일
강제
합방
(1910)

3 · 1
운동
(1919)

어린이날
제정
(1922)

윤봉길 ·
이봉창
의거
(1932)

8 · 15
광복
(1945)

대한
민국
정부
수립
(1948)

6 · 25
전쟁
(1950~1953)

10 · 26
사태
(1979)

6 · 29
민주화
선언
(1987)

서울
올림픽
개최
(1988)

북한
김일성
사망
(1994)

의약
분업
실시
(2000)

| 조선 시대 | | | | 1876 개화기 | | 1897 대한 제국 | 1910 일제 강점기 | | | | | 1948 대한민국 | | | | |

| 1700 | 1800 | 1850 | 1860 | 1870 | 1880 | 1890 | 1900 | 1910 | 1920 | 1930 | 1940 | 1950 | 1970 | 1980 | 1990 | 2000 |

| 근대 사회 | | | | | | 1900 현대 사회 | | | | | | | | | | |

미국
독립
선언
(1776)

프랑스
대혁명
(1789)

청 · 영국
아편
전쟁
(1840~1842)

미국
남북
전쟁
(1861~1865)

베를린
회의
(1878)

청 ·
프랑스
전쟁
(1884~1885)

청 · 일
전쟁
(1894~1895)

헤이그
평화
회의
(1899)

영 · 일
동맹
(1902)

러 · 일
전쟁
(1904~1905)

제1차
세계
대전
(1914~1918)

러시아
혁명
(1917)

세계
경제
대공황
시작
(1929)

제2차
세계
대전
(1939~1945)

태평양
전쟁
(1941~1945)

국제
연합
성립
(1945)

소련
세계
최초
인공위성
발사
(1957)

제4차
중동
전쟁
(1973)

소련
아프가니
스탄
침공
(1979)

미국
우주
왕복선
콜럼비아
호 발사
(1981)

독일
통일
(1990)

유럽
11개국
단일
통화
유로화
채택
(1998)

미국
9 · 11
테러
(2001)

워싱턴
(1732~1799)

페스탈
로치
(1746~1827)

모차
르트
(1756~1791)

나폴
레옹
(1769~1821)

링컨
(1809~1865)

나이팅
게일
(1820~1910)

파브르
(1823~1915)

노벨
(1833~1896)

에디슨
(1847~1931)

가우디
(1852~1926)

라이트
형제
(형, 윌버
1867~1912 /
동생, 오빌
1871~1948)

마리
퀴리
(1867~1934)

간디
(1869~1948)

아문센
(1872~1928)

슈바이처
(1875~1965)

아인슈
타인
(1879~1955)

헬렌
켈러
(1880~1968)

테레사
(1910~1997)

만델라
(1918~2013)

마틴
루서 킹
(1929~1968)

스티븐
호킹
(1942~2018)

오프라
윈프리
(1954~)

스티브
잡스
(1955~2011)

빌
게이츠
(1955~)

2025년 06월 05일 2판 7쇄 **펴냄**
2014년 01월 20일 2판 1쇄 **펴냄**
2008년 06월 30일 1판 1쇄 **펴냄**

펴낸곳 (주)효리원
펴낸이 윤종근
글쓴이 김구연 · **그린이** 김태현
사진 제공 헬로 아카이브(Hello Archive)
등록 1990년 12월 20일 · **번호** 2-1108
우편 번호 03147
주소 서울시 종로구 삼일대로 457, 406호
전화 02)3675-5222 · **팩스** 02)765-5222

이메일 hyoreewon@hyoreewon.com
홈페이지 www.hyoreewon.com

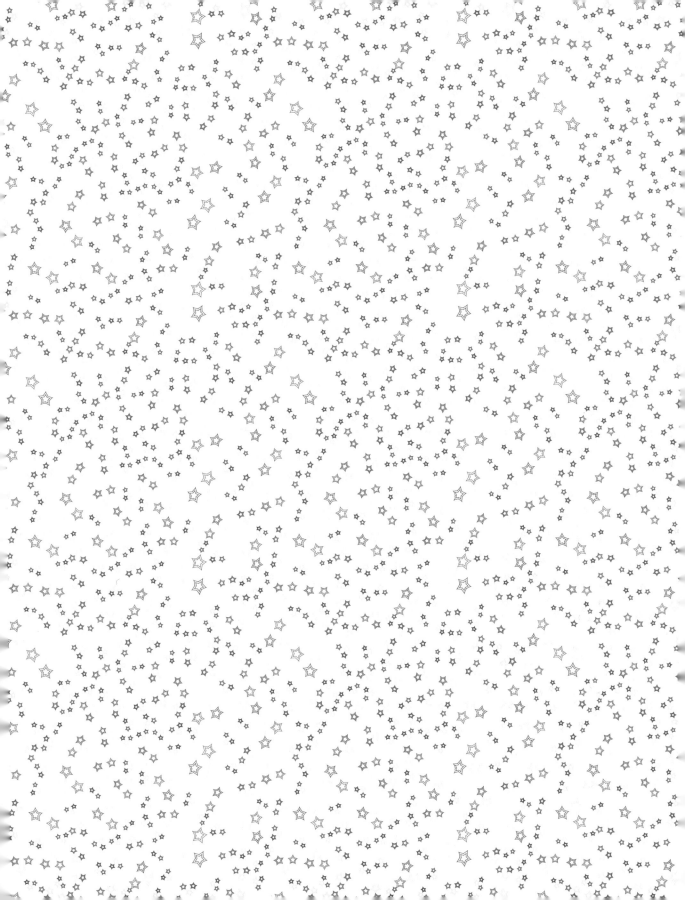

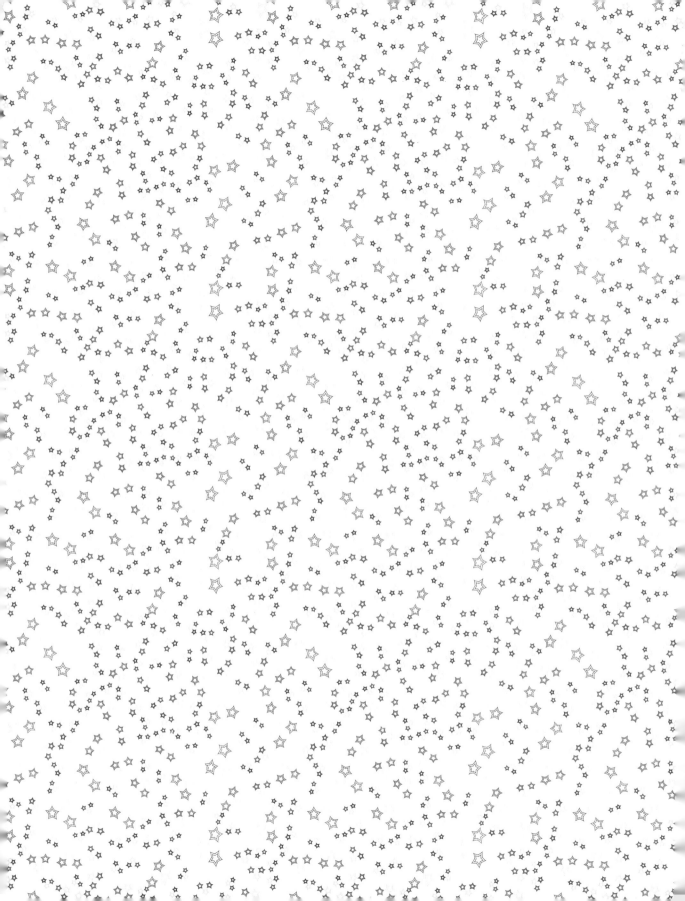